ciclo del partido de la caridad

seguido de
rhodesia

josé carlos yrigoyen

KRILLER71
EDICIONES

kriller71 ediciones / Colección Poesía #70
http://kriller71ediciones.com
info@kriller71ediciones.com

coordinación aníbal cristobo
asesor editorial fruela fernández
asistente marina miravet cristobo
imagen de portada peter strnad

isbn 978-84-127399-9-2
depósito legal B 7786-2024
© de los poemas, josé carlos yrigoyen
© del prólogo, ernesto garcía lópez
© de esta edición, aníbal cristobo

Imprime Estilo Estugraf Impresores, S.L.
Este libro está realizado con papeles certificados FSC®, elaborados a través de
materia prima obtenida en bosques sostenidos. Todas las empresas que intervienen
en la transformación de la misma están debidamente registradas, cumpliendo
con todas las normas de medio ambiente vigentes en la CEE.

ciclo del partido de la caridad

seguido de
rhodesia

josé carlos yrigoyen

prólogo de ernesto garcía lópez

KRILLER71
EDICIONES

PRIMERA PIEZA. 2006. Leiden, Países Bajos. Un grupo de personas acaba de enviar una solicitud al Parlamento y al Ministerio de Justicia, con el objetivo de fundar un partido político. Su nombre: el PNVD (Partido del Amor Fraterno, de la Libertad y la Diversidad[1]). Las autoridades holandesas, conforme a la legalidad vigente, admiten a trámite la petición y dan de alta el partido. Lo peculiar del asunto es que se trata de una formación pedófila, un pasito más en eso que algunas páginas digitales empiezan a calificar (incluida la ubicua Wikipedia) como *movimiento activista pedófilo*. Se autodenominan "boylove(r)", "girllove(r)" y "childlove(r)". ¿Su programa político? La interacción desprejuiciada y consentida entre niños y adultos a partir de los 12 años, en el entendimiento que los menores tienen a esa edad agencia suficiente para decidir cuándo y cómo desean mantener relaciones sexuales con los adultos. A este frontispicio se le unen otras peticiones anexas, como, por ejemplo: «destacar que el deseo afectivo-sexual (de los pedófilos) hacia los niños es comparable al de cualquier otra orientación sexual y por eso exigen que no se relacione la pedofilia con los abusos sexuales contra menores (pederastia) ni se consideren sistemáticamente abusivas las relaciones afectivo-sexuales entre adultos y niños». Se nombran a sí mismos como *minoría*, en línea (piensan ellos) con otras identidades no hegemónicas. ¿Más peticiones? La posibilidad de transmitir pornografía no violenta y poseer para uso estrictamente personal pornografía infantil. Ah, importante, solicitan también la *despatologización* de la pedofilia como una parafilia más dentro

---

[1] También "Partido de la Caridad, Libertad y Fraternidad" en la traducción utilizada por el autor. (N del E.)

del vademécum reconocido por la Organización Mundial de la Salud, así como por la mayoría de las asociaciones psiquiátricas internacionales. Por extraño que pueda parecer, este hecho no es nuevo en Holanda. El *moderno activismo pedófilo* (sic) fue fundado allí por Fritz Bernard a finales de los años 50, teniendo como clímax la publicación en 1972 de una obra titulada *Sexo con niños*. «Era la primera vez que en un país se discutía públicamente sobre la relación entre adultos y niños desde una perspectiva sexual».

*

SEGUNDA PIEZA. 1972. Minneapolis, Estados Unidos. Un hombre se acerca al puente de la avenida Washington. Observa el agua turbulenta. Contempla su propia alma atormentada. Se lanza al vacío. Cae en el río Mississippi que lo engulle fatalmente. ¿Causa del óbito?, suicidio. ¿Nombre? John Allyn McAlpin Berryman, más conocido como John Berryman. Poeta. Premio Pulitzer en 1965 por su obra *77 Dream Songs* (1964). La historia de la literatura norteamericana le señalará como una de las figuras esenciales de la denominada «poesía confesional». Su vida estuvo marcada por el suicidio del padre en 1926. Se pegó un tiro cuando él apenas tenía 11 años. Después vino la depresión, el alcoholismo, los problemas conyugales. Una existencia poblada de fantasmas. El 28 de mayo de 1964, Robert Lowell (poeta de su misma quinta), dirá lo siguiente en *The New York Review*: «En muchos sentidos, Berryman es típico de su generación, una generación estudiosa, atiborrada de nuevas convenciones y exprimida por la presión de lo no convencional. En cuanto empezó a publicar, se oyó hablar de su enorme biblioteca, de su fonógrafo instalado por Bernard Haggin, de su infinita capacidad para citar poesía y de su trabajo en un texto concluyente del *Rey Lear*. A los veinte años ya era un crítico agudo y un erudito distinguido; desde el principio escribió con vehemencia y cálculo. Era disciplinado, pero bohemio; poco ortodoxo en el ardor de sus admiraciones, y sin embargo tan católico y generoso que le costaba encontrar su propia voz. Parecía palpitar con un ritmo y un tono singulares. Uno sentía la feroz carga de la electricidad y temía que quemara los cables. Vibró brillantemente ante todas las influencias significativas y, sobre todo, ante el nuevo lenguaje de Auden. Parecía inclinarse por una poesía simbólica, intensa y ajena al mundo.»

*

TERCERA PIEZA. 2010. Países Bajos. «A pesar de haber canalizado sus controversiales solicitudes en un partido político oficial, la nueva formación no tenía aún un candidato que pudiese presentar los proyectos de ley con vistas a legalizar el sexo consentido con niños. Para esto debían reunir 570 firmas en los distintos distritos del país. Fue así como iniciaron una campaña nacional para que los pedófilos holandeses "salieran del clóset" y se identificaran públicamente.» La operación no resultó exitosa. Como recogen algunas fuentes periodísticas de aquel momento: «A pesar de estos esfuerzos, los tres únicos miembros y fundadores del PNVD, Martijin Uittenbogaard, Ad van der Berg y Norbert de Jonge, sólo lograron reunir poco más de un centenar de firmas. En febrero de 2010 decidieron disolver el partido declarando que Holanda no "era lo suficientemente madura aún".»

*

CUARTA PIEZA. 1977. París. «Ochenta intelectuales franceses, incluyendo a Louis Aragon, Michel Foucault, Jean-Paul Sartre, Jacques Derrida, Louis Althusser, Roland Barthes, Simone de Beauvoir, Gilles Deleuze, Félix Guattari, Michel Leiris, Alain Robbe-Grillet, Philippe Sollers, Jacques Rancière, François Châtelet, Jean-François Lyotard y Francis Ponge envían una petición al parlamento pidiendo la derogación de varios artículos de la ley sobre la edad de consentimiento y la despenalización de todas las relaciones consensuales entre adultos y menores de quince años». Este hecho, casi olvidado, regresó a la actualidad en 2020 a propósito de la publicación de *El Consentimiento*, de la autora y directora de la editorial Julliard, Vanessa Springora, donde relata la relación de abuso que padeció por parte del escritor Gabriel Matzneff. En dicha obra se perfila también una crítica velada hacia aquella *intelligentsia* francesa de los 70, proclive a este tipo de prácticas. En un artículo publicado por el periódico argentino *Página 12* sobre este libro se señala: «*El Consentimiento* empieza contando el contexto en el que la joven de 13 años, a punto de cumplir los 14, conoció al autor de 49 en una de las cenas entre escritores e intelectuales a las que su madre, entonces encargada de prensa literaria, la llevaba porque no podía pagar una niñera. El padre de Vanessa Springora la había abandonado: "Todas las condiciones estaban reunidas", escribe. Al poco tiempo, Matzneff empieza a mandarle cartas a Vanessa. Una, dos, veinte cartas. El escritor vampiro teje la red de palabras en la que su presa quedará atrapada durante varios años. Consigue una cita y a la segunda, ante la dificultad de penetrar a su virgen doncella, la sodomiza susurrándole al oído "como con los varoncitos". A los 15, poco después de una tentativa de suicidio, la adolescente le pide ayuda a Emile Cioran, quien le recuerda el honor que Gabriel Matzneff le concede al estar con ella.»

*

QUINTA PIEZA. 2017. Estados Unidos. Se publica en la revista VICE (Canadá) una entrevista a Todd Nickerson, un hombre virgen de 43 años. En la entradilla se recoge lo siguiente: «El diseñador gráfico, que tiene el cabello rubio oscuro hasta los hombros, un poco de calvicie al frente, y una prótesis en la mano derecha, vive solo en una casa móvil cerca de Savannah, Tennessee. Durante mucho tiempo permaneció encerrado y aislado, porque escondía un secreto: se sentía atraído por los niños. Nickerson es un pedófilo. Por definición, significa que le excitan los niños prepúberes (en su caso, las niñas). Sin embargo, Nickerson le cuenta a VICE que eso no significa que sea un abusador de niños y subraya que nunca ha seguido ni seguirá sus impulsos. "Tuve que sobreponerme a muchas mentiras que dice la sociedad, esta idea de que estás condenado a cometer el crimen", comenta en una entrevista telefónica. "Tuve que decirme a mí mismo: No, no, no lo estás, tienes control sobre eso. No somos esclavos de nuestras hormonas".» Nickerson representa eso que algunos denominan «pedófilos virtuosos».

*

SEXTA PIEZA. 2008. Francia. Acaba de fallecer Tony Duvert en Loir-et-Cher. Amigo de Gabriel Matzneff. El cuerpo ha sido encontrado en estado de descomposición en la casa de su madre, rodeado de basura, donde vivía recluido desde mediados de los años 80. Al parecer llevaba varias semanas muerto. Fue un escritor y filósofo muy reconocido en su época. Son ambivalentes las reseñas biográficas que aparecen en internet sobre su figura. En unos casos se dice: «Los escritos de Duvert son notables tanto por su estilo como por sus temas centrales: la celebración y defensa de la pedofilia y la crítica de la crianza moderna de los niños. En la década de 1970, las actitudes hacia la liberación sexual y la sexualidad infantil permitieron a Duvert expresarse públicamente. Sin embargo, cuando las actitudes cambiaron notablemente en la década de 1980, se sintió frustrado y oprimido.» En otros, se le presenta del siguiente modo: «Tony Duvert es un escritor francés nacido en 1945. Defensor de los derechos de los niños a tener derecho a su propio cuerpo y sexualidad, sobre los que ha publicado dos polémicos ensayos, *Good Sex Illustrated* (1974) y *L'Enfant au Masculin* (1980), aunque estos temas conforman en gran medida también la materia de sus novelas. Recibió el Prix Médicis en 1973 por su obra *Paysage du Fantasie* (donde se narran las relaciones entre un pintor de 27 años y un niño de 8). Y en 1978 publicó con las Éditions Fata Morgana dos obras de poesía en prosa y textos breves: *District* y *Les Petits Métiers.*» Cuando falleció llevaba más de veinte años sin publicar un libro.

∗

SÉPTIMA PIEZA. 1985. Estados Unidos. *Murderpedia* (algo así como la Wikipedia de los asesinos). «Michael J. Manfredonia, entonces de diecinueve años, agredió sexualmente y asesinó a su víctima de catorce después de que ella supuestamente se negara a salir con él, criticara su vestimenta y apariencia y, en general, lo ridiculizara. El cuerpo de la víctima tenía veintiséis puñaladas y fue encontrado en una zanja, cubierto de tierra, piedras y palos. La policía detuvo a Manfredonia en su casa después de que intentara suicidarse ingiriendo pastillas y tratando de cortarse las venas con una hoja de afeitar. En su juicio, el acusado renunció a su derecho a un proceso con jurado y fue declarado culpable de asesinato, homicidio grave, agresión sexual agravada, secuestro y posesión de un arma con propósito ilegal. En la fase de sanción, un psiquiatra testificó que el acusado tenía un retraso mental con un coeficiente intelectual de 78, que su cerebro parecía tener una estructura anormal y que no podía controlar sus emociones y su ira. El tribunal de primera instancia encontró factores agravantes. El tribunal también encontró factores mitigantes (perturbación emocional extrema, edad, la no existencia de antecedentes penales) y concluyó que los factores atenuantes superaron a los factores agravantes. El acusado fue condenado a cadena perpetua con treinta años de suspensión de la libertad condicional por asesinato, treinta años de prisión con quince años de suspensión de la libertad condicional por secuestro y veinte años de prisión con diez años de suspensión de la libertad condicional por agresión sexual agravada.»

∗

OCTAVA PIEZA. 2019. España. Aparece en Anagrama del libro *Degenerado*, de la escritora argentina Ariana Harwicz. La sinopsis publicada por la editorial reza lo siguiente: «*Degenerado* es la historia de un proceso judicial. Empieza una noche gélida cuando un hombre se dispone a hacerse un té y leer después de una larga jornada. Pronto lo distraen las luces de la gendarmería: fuera de su casa los vecinos se agolpan, y, a medida que corre el rumor de que el hombre es un pedófilo, se arma una batalla campal. A los animales del corral, por su parte, no les interesa saber si el vecino es o no es un pedófilo: quieren comer, abrir la boca y que el dueño les eche algo. Mientras, algunos vecinos ya piden la cabeza del hombre: como en las plazas públicas, sacan fotos al condenado, y los chicos son alzados sobre los hombros. La madre del acusado está ausente, está presente, es testigo: ese es siempre el drama del amor materno. El acusado acepta pelear hasta el final contra todo y contra todos, porque ¿quién está seguro de haber cometido un error? ¿Quién se puede autoinculpar? En la noche estrellada, ¿dónde empieza el criminal y dónde el hombre honesto?». De esta obra, la escritora española Marta Sanz dirá: «Harwicz nos muestra que la extrañeza del lenguaje es una opción política».

*

NOVENA PIEZA. ¿Con qué materiales se hace la poesía? ¿Qué hace la poesía a la vida y a la lengua? ¿Cómo puede la poesía tantear los lados más recónditos y oscuros del alma humana? ¿Cómo se hace poesía del horror, la monstruosidad, lo abyecto? ¿Es función de la poesía juzgar los comportamientos o, por el contrario, desplazar el lenguaje hasta su borde mismo (como diría el gran poeta y lingüista Mario Montalbetti)? ¿Hasta qué punto la poesía, antes que contar una historia o ser fiel a un acontecimiento, debe proveer de esa «destreza del extrañamiento» capaz de sondear el otro lado de las cosas? ¿Dónde se acaba la pulsión de la palabra por *aprehender* la totalidad de lo real?

*

DÉCIMA PIEZA. Con todos estos materiales, personajes, hechos históricos, dificultades y zozobras, el poeta peruano José Carlos Yrigoyen regresa a la poesía después de 15 años de ausencia. Y lo hace con un libro poderoso, radical (de raíz). Un libro que apuesta por vérselas (poéticamente) con aquello que se rechaza y abomina. El propio autor lo señala con extrema lucidez en una entrevista que le hicieron en mayo de 2022 en el diario *El Comercio*: «[...] yo no he escrito este libro para escandalizar a la gente, sino por un asunto de necesidad expresiva. Me explico: mi poesía anterior, y algo de mi narrativa, se basa en un yo que puede identificarse de alguna manera conmigo. Hay un juego alrededor de eso. Pero después sentí que ese yo se me había gastado, y quería encontrar un tema en el que el yo poético sea tan repudiable, tan repugnante y tan inadmisible que yo no pudiera entrar en él. Que para mí fuese imposible entrar en el yo poético. Por eso este tema fue maravilloso, porque justamente abría la compuerta a otros personajes, las tres cabezas del *Partido de la Caridad* y otras voces a través de las que pudiera expresarme, aunque se me hiciera imposible. Creo que en todo el libro debe haber dos, tres o cuatro versos en los que me reconozco yo, y no reconozco a los personajes que lo habitan. Porque en general es la voz de otro. Sobre si podría generar escándalo, bueno, yo suelo trabajar bajo la idea de uno mis autores favoritos, que es Pier Paolo Pasolini. Y él decía: "escandalizar es un derecho, ser escandalizado es un placer, y el que no se deja escandalizar es un moralista".» El libro que ahora se presenta en España de la mano de Kriller71 vio la luz originalmente en su país el mismo año de esta entrevista de la que acabo de ofrecer un fragmento. ¿Su título? *Ciclo del Partido de la Caridad*, en un juego de espejos literario que refiere al PNVD holandés. Yrigoyen lo lleva más lejos. Ficcionaliza el hecho de que se hubieran podido presentar a las elecciones. Por sus páginas deambulan John Berryman, Todd

Nickerson, Norbert de Jong, Marthijn Uittenbogaard, Ad van den Berg, Tony Duvert, Michael Manfredonia... Pero no se llamen a engaño. Lo de menos es la historia, su trama. Lo de menos son todas estas piezas que he tratado (inútilmente) de recomponer. Lo de menos son las preguntas éticas que podamos hacernos a propósito de la pedofilia. Este libro no va de nada de eso. Su esencia, me atrevo a decir, su naturaleza, su razón última de ser consiste en la defensa irreprimible de la palabra misma, el poema como territorio de posibilidad fundacional. Como ese «lugar raro donde se guarda la vida» (que susurra Olvido García Valdés), incluso cuando esa vida es terrible, obscena y arrasadora. Hay que ser muy valiente (y virtuoso técnicamente) como escritor para atreverse a caminar por semejantes manglares y salir indemne.

*

CODA. 1947. Alemania Oriental. Víctor Klemperer, profesor de literatura en la Universidad de Dresde, publica un texto titulado *LTI. La lengua del Tercer Reich: apuntes de un filólogo*. Es una obra extraña, erudita, compuesta por notas silueteadas en un diario durante los momentos más difíciles del régimen hitleriano. Desposeído de su función profesoral por ser judío, resulta condenado a trabajar en una fábrica. De milagro zafa el pellejo. Quiso la fortuna no enviarlo a uno de esos campos de exterminio donde habría perecido irremediablemente como millones de europeos. No se sabe si por necesidad o exorcización, comienza un día a garabatear algunos apuntes filológicos. Intenta desentrañar el uso germinativo del lenguaje por parte de la propaganda nazi. Comprender qué hace la lengua a la vida, a la subjetividad, al deseo. Poner negro sobre blanco los caminos retóricos del terror. Y quiso hacerlo con ese rigor conceptual del que sólo los buenos académicos son capaces. Su conclusión no pudo ser más inhóspita: el nazismo (señalaba Klemperer) se «introducía en el cuerpo de las masas a través de palabras aisladas, de expresiones, de formas sintácticas que imponía repitiéndolas millones de veces y que eran adoptadas de forma mecánica e inconsciente.» En *LTI* se describe el procedimiento por la cual el nazismo fue capaz de gestar una *neolengua*, un aparato semiótico orientado a la simplificación de la esencia humana y a la despersonalización del otro. Su reverberación llega hasta hoy. Si aceptamos que los seres humanos somos (todavía) animales eminentemente lingüísticos, cualquier régimen que busque perpetuar su dominio más allá de la violencia, necesitará (tarde o temprano) una herramienta simbólica capaz de imantar los cuerpos y redefinir su mundo. Pero la poesía se comporta como «conciencia crítica de la lengua» (que diría Miguel Casado), un núcleo de resistencia semántica ante cualquier maquinaria de simplificación de lo humano. Su potencia no radica en sus temas ni en su sentido, tampoco en la supuesta comunicabilidad, sino en su forma, en su búsqueda, en su modo incendiario de gestar pensamiento y emoción. Por eso la poesía se vuelve la última frontera de lo político.

Ernesto García López

ciclo del partido de la caridad

Indignación y rechazo causó el anuncio de la creación en Holanda de un partido de pedófilos cuya plataforma política propone reducir de 16 a 12 años la edad legal para mantener relaciones sexuales con menores y legalizar la pornografía infantil y el sexo con animales. El Partido de la Caridad anunció que se registraría oficialmente el próximo miércoles y proclamó: «¡Vamos a sacudir a La Haya para que despierte!». — Reuters, 31.5.2006

La fundación del Partido de la Caridad

Vengan a nosotros los hijos menores de Holanda,
no los que se ocultan cuando ingresamos a sus dormitorios
sino quienes, ya mayores, aprenderán de nuestra audacia
para enunciar decisivas palabras constructoras tal vez
de nuevas comunas por nuestra liberación en el tercer mundo,
comentarios sobre la recepción de una autobiografía descriptivista,
o una histórica dimisión bajo el artesonado del Gran Consejo.

Que vengan a nosotros hoy, no a la manera de cálidos cuerpos
sino de idiomas desconocidos en las duchas de las divisiones inferiores.
Que advengan con la libertad de sus percepciones primordiales,
que la luz de la ley reformada los limpie de toda complicación y
[corrupción.
La ley reformada que alumbra el oscuro y silencioso camino
hacia nuestro plano país –más oscuro y silencioso hoy
que nuestros enemigos están en el poder–
sea ahora herramienta propicia para la fundación del Partido de
[la Caridad.

Que negocie el tiempo para ser la avanzada de una patria rebelde
–obstinado muchacho negro que se niega a entregar sus caderas.
¿Qué es un conservador? Alguien deseoso de restaurar una montaña
[desierta.
¿Qué es un socialdemócrata? Alguien excesivamente enamorado
[de su aspecto terrenal.
En cambio, el Partido de la Caridad, sus tres miembros hoy reunidos,
una y otra vez atacados por las hachas dialécticas de las madres jóvenes
(todas dignas de ser juzgadas en un Tribunal para Crímenes de Paz)

degradados y condenados a mantener esta genitalia en la clandestinidad,
en bloque asumimos la contraofensiva de una verdad insoportable:
nuestro propio horror nos absuelve.
No haremos causa común con el fascismo de los que nunca se
[atrevieron.
Prometemos la constancia no de lo que permanece, sino de lo que
[triunfa.
Desaprensivamente nuestras propuestas crecen entre cuadernos
[y apuntes:
pornografía en señal abierta a las once de la mañana, la soledad
[del simio
que ha sido liberado del laboratorio de experimentación animal
[en Rijswijk,
el transporte público gratuito, así sea para fomentar la procreación
[parasitaria,
y traicionar hasta lo más hondo esa falsificación de la biología
que nos mantiene atados a un amor que no puede explicarse
[demasiado.

Y aunque nuestra iniciativa por el futuro se fragmenta en facciones
–uno de nosotros tiende más bien al roce de niñas con faldas cortas–
el Partido de la Caridad surge igual a una penetración anónima,
como un poderoso poema que nos insulta a todos.

Luego de la fundación del Partido de la Caridad

Duermo mal; silencio y pesimismo
inducen a herirme las piernas, a maltratarlas con las uñas,
hasta que el cansancio vence y vuelvo a soñar,
adelantándome al espanto del perro que será arrojado vivo a una olla
en el fragor de cierta fiesta universitaria.
Blanca madrugada dispersa, has amparado
durante tanto tiempo la tiranía que agobia a los niños
y les impide desnudarse y entregarse como la orgullosa enseña
que se ofrece al adversario al comenzar un encuentro deportivo.
Desciende sobre mí con ese movimiento con el que te desplazas
y con el que los seres humanos tienen actividad sexual por la boca.
La intensidad del pecado ya no me asusta y de ahí procede mi fuerza:
violo la correspondencia que mis admiradores me dirigen,
celebro la belleza muerta pero que ya he disfrutado
                                en el cobertizo de herramientas,
descarto una a una las razones para mi interminable persecución.
Pero aun así duermo mal. Acepto la mañana solamente
porque sé que ni un día transcurre
sin sentir la mano de alguien pasando por mi cuerpo.

PRIMICIAS DEL MUNDO
[I.M. JOHN BERRYMAN]

El desastre del cuerpo se sienta a escribir. Toma conciencia
de los demás y decide entrar en comunicación con ellos. Sabe
que la urbe ha sido construida para el prójimo: por eso se recluye,
por eso escribe sobre esta actualidad que, como la talidomida,
desprende brazos, dispone a los médicos al borde del colapso,
desentierra hombres y mujeres para su estudio, se blinda
en una historia inacabada. El desastre del cuerpo lo escuchó alguna vez
y está de acuerdo: la vida es corta, brutal y nunca está de nuestro lado.

Hay contraventanas por donde es posible atisbar la evidencia.
Los drogadictos ocupan un lugar destacado en la trama. Cuidado
con la gente de las alcantarillas: vienen por usted. En Port-Louis
una esposa mata a su marido al encontrarle fotos con otra mujer
más joven que terminó siendo ella misma. Las escolares japonesas
rinden el examen médico en un gimnasio a la vista de todos.
Deben desvestirse ante la ambigua funcionalidad de la justicia.
El encierro nos ha puesto de un humor lascivo.

El presidente de Nauru y sus artilugios complicados y monstruosos.
Dos fundadores del Partido de la Caridad son reconocidos en la calle.
Fueron insultados y agredidos por una multitud de padres de familia
hasta que encontraron refugio en el baño de un restaurante chino.
La foto de unos cazadores desgarrando un okapi en la página seis.
Como los árboles sin hojas, suspendidos sistemas nerviosos,
la ultraderecha crece. Gana los escaños que entorpecen el objetivo.
Los diarios nos dedican titulares que son hornos crematorios.

La Corte Suprema prosigue operando en su tensa resurrección.
A punta de pistola, obligó al violador a desnudarse y procedió.
Ahora los niños están muy tristes por perder a su amigo.
El desastre del cuerpo no puede confirmar eso. Pero lo sospecha.
También percibe y difunde el terror institucional que ahoga la luz,
los depósitos de plasma que se pudren en los puertos paralizados,
los discursos que alimentan la noche de los desórdenes raciales,
y, como una mentira, restituye la forma de un mundo aparte.

Tres estrofas de comentario a la inscripción del Partido de la Caridad en el Tribunal Electoral holandés

[1] AD VAN DEN BERG

Deliberen si un niño es objeto y posesión
o mejor la maravillosa suma de sus partes.
Deliberen, que su postura cambie imperceptible
como el movimiento de los glaciares. Pero antes
consideremos los hechos: aunque digan
que durante nuestra vida adulta solo fuimos apreciados
por el pequeño pájaro pardo que devora desperdicios
y duerme en la trastienda, que apenas los brillantes basiliscos
sobre los retretes del gimnasio nos consideran sus iguales,
resistimos a este orden que glorifica al escolar intacto,
en todas las formas públicas. Hemos luchado con honor
ante la transhistórica mutilación de sus derechos.
Sabemos que el mercado tentacular se apropia de cada libido.
Combatimos esa realidad con la ternura más lenta,
cuando, apartados por nuestros vecinos, sometidos a jueces,
guardias y criminales locos, en el frío nos preguntamos
"¿dónde estará mi niño errante esta noche?"
y no llega solo uno: ingresan por mi ventana, invaden
el patio trasero y la cocina, llaman a la puerta principal,
mientras los espero desnudo en el centro de mi sala y declaro
que cuando el deseo triunfa, la verdad retrocede.

[2] MARTHIJN UITTENBOGAARD ANTES DE SER ALCANZADO POR UN RAYO

Lo que tengo ante mí:
seis tramos de escaleras. Un rumor que se difunde.
La convicción de que nunca seré bienvenido donde la luz trabaja,
que las almas solitarias son despedazadas en el inframundo polinesio.
Como en el hétero porno, una zona de silencio hacia donde toda
[narrativa se mueve.
El derecho del niño a ser tomado en serio. Un culto a la excepción.
El dibujo de Daniel en que mis pestañas tienen forma de estrella.
Compromisos miserables de una sexualidad real y por tanto culpable
[y fabricada.
La certeza de que en este juego cambiamos inocencia por inocencia.
El misterio de los automóviles que se alejan hacia las poblaciones
[somnolientas.
El amor de un mapa mal compuesto. La paciencia de las casas
[saqueadas.
Este libro que se abre como una mano.
Una nueva dimensión de lo insalvable.

[3] NORBERT DE JONGE

Humo & infanticidio. Dieciocho agentes
invadieron mi morada en busca de tales elementos,
mi lecho impaciente y sudoroso, argumentaron
que una vieja lámpara gastada, adquirida hace veinte años,
me servía para fabricar innobles películas caseras
pero lo cierto es que nunca han hallado nada.
Pues no pudieron acceder al fondo de esta visión:
el desgarro muscular en el hombro de Arianne, 12,
alumna del Theaterschool De Trap, ligero vestido azul
con medias verdes, la había alejado de su deporte predilecto,
y sentí mi deber consolarla. Avanzamos por la autopista
que nos traslada al oeste: resplandecíamos en la mirada
de los conductores, en la premonición que toda ambulancia
entre la lluvia encierra. Dilapidamos nuestra suerte.
Al poco de entrar a ese distante cuarto de alquiler
ya no había vestido azul ni medias verdes cuando vino a mí,
solo la feliz musicalidad de su diafragma, el tono
de una tarde de abril que no necesita de héroes ni hazañas.

Entrevista exclusiva a Todd Nickerson

El rumbo del artrópodo y de su predisposición por forjar
la lenta y ondulante destrucción de un libro, sinuoso-laborioso,
denso ante la amenaza de la verdad que insiste en negar y carcomer
es una forma de respuesta ideal porque sacrifica lo que estorba.
Nací sin mano derecha. Es el primer desbalance inquietante
que quisiera resolver. Cuando llega la noche a mi casa móvil,
donde duermo porque en la concisa ciudad que tengo al lado
demasiada gente sabe quién y qué soy, estudio Gálatas y un versículo
me susurra aquella teoría que ilustra la inclinación de algunos zurdos
por la pederastia. Si los ojos de una pequeña de falda naranja
me parecen más grandes que la vida, si me llevo a casa esa imagen,
mi virtud está invicta. Yo amo a los niños. Los monstruos son ustedes.

He llegado a la edad en que comenzamos a lidiar con la nada
y miramos con pasmo a los adolescentes combatir la ciencia.
Un mundo zodiacal, de animales aún por descubrir, de falacias
autobiográficas, es lo que impera. Logro reunir con esfuerzo
doscientos dólares al mes y cupones de alimentos y me pierdo
los sábados por el campo para reflotar la escena de esa niña
de siete años probándose zapatos en una tienda del centro comercial.
Jamás le haría daño a ninguna, y en eso hay una épica. Quien
                                                    [define al héroe
debe recordar que este nunca está completo. Su regreso es una apuesta
que suele desembocar en la pérdida. Entonces lo único que puede
                                                    [acreditar
es una voz testamentaria lastrando toda fe. Ese ha sido mi caso.
Ya Tennyson lo anunciaba: siempre vagaré con el corazón hambriento.
No soy tomado en cuenta por las transacciones de la noche. Huyo
de la muerte prematura en cada ademán, me informo del estado

de la leche y la carne que ingiero, no invito a nadie para pernoctar.
Una tarde me difamaron y guardé silencio. Fue una mala táctica.
Perdí mi empleo en un negocio local y hoy estoy detenido en el vacío.
Se ha aceptado la compulsión erótica de caernos por las escaleras,
la lujuria por las abejas, la atracción hacia los retrasados mentales;
en cambio, los locutores de radio dudan de mi pacifismo sexual.
Me preguntan por el Partido de la Caridad. Una muy mala jugada.
Para la ciudadanía no son humanos sino morados pulpos tenebrosos.
Es hora de entender que nunca nos saludarán con afecto ni alegría
las bronceadas familias que, al atardecer, regresan de la playa.

Meditación dominical de Todd Nickerson

El lenguaje de una vieja creencia está elaborado por asociaciones
(el argumento del terror y la muerte de un pequeño hijo en domingo,
por ejemplo) y no olvides que cualquier asociación afortunada
puede ser un albergue como el que ahora necesito para evadirme
del fin de nuestra violenta amistad. El corazón -que no progresa-
se alivia igual a un prejuicio que por fin es comprobado.
La pericia frente a los inconvenientes, la sincera resignación ante
[el dolor,
el espejo del baño como inicio inevitable de toda resolución criminal,
rastros del antiguo modo de vida mantenido por nuestros padres,
deberían ser a estas alturas las últimas alternativas
para el valiente adulto que no soy. Las enfermedades morales,
cuyos nombres en latín recuerdan al de las plantas de flores elípticas,
su códice angustiante, su infierno programado, se resumen
en la incapacidad de gratitud al tocar los muslos de una preadolescente.
Mi sanidad psíquica no se discute. Puedo decir: soy afortunado
como una asociación afortunada. He suprimido la realidad difamatoria
a favor de los peligrosos cuerpos que habitan mi virtuosa imaginación.

Himno al incendio premeditado
(Norbert de Jong)

[1]

No soy parte de los enlaces plurales con los que esta realidad ha sido edificada. Esa es la demostración definitiva de que no escogemos nuestras batallas. De que esta es la única vida que disponemos para iniciar y terminar un diálogo y, sin embargo, nuestras palabras son niñas violadas analmente por robar manzanas de los sembríos: inofensivas, humilladas, feroces para la venganza, hábiles en fabricar armas de madera tosca y repuestos abandonados dentro de los talleres que la tarde cubre con la luz anaranjada del tráfico invernal. Nos acercamos a las palabras pero ellas nos replican: señor, mis padres no me permiten hablar con extraños. Igualo los sonidos para sorprenderlas e interponer mi voluntad sobre la suya. Cuando lo consigo, compruebo que mi única recompensa es la alabanza del deseo trunco, mi yo desgastado y vendido al mejor postor. Lo que ha sobrado del sueño.

[2]

Las calles comerciales y su mejor cliente el viento. En comparación, las compras de ambos fueron razonables y modestas: no adquirimos el cuchillo de cocina sino nuestras futuras cicatrices, no negociamos a plazos lo que nos falta sino lo que nos duele, obtuvimos la penumbra sin misterio, la claridad que no implica esperanza, la noche de sábado en que concluye toda geometría euclidiana y la sincopada ondulación de lo irrelevante. Con esos materiales te prometo construir una casa donde vigilia y desnudez serán las reglas primeras. No de piedra, producto rígido y odiado. Nuestra casa se ejecutará en el aire, en el instinto, en el asombro de cada día. En el escombro de cada día, en los nefastos giros solares, en el himno al incendio premeditado.

[3]

Himno al incendio premeditado: resistirse y participar en la destrucción con que nombramos, conversamos y acariciamos los cuerpos. La abolición del departamento, de todos sus adjetivos y adverbios, por medio de un fuego que en otras circunstancias habría sido reparador. Si la luna se acaba, que el incendio premeditado la continúe. Si la madrugada se nos presenta sepia, interminable y viscosa, el incendio premeditado es la solución para darle fin. Lo único que puede detener el incendio premeditado es una niña pelirroja en mi sofá, vestida solo con camiseta verde y ropa interior blanca, viendo una serie de televisión entre risas y hondos silencios. Y yo, mirándola desde la mesa del repostero, esperando que se duerma.

Memoria de Ad van den Berg, 1987

Quién me inicia en la mordedura.
Quién me hizo notar el abismo que fluye entre las cosas.
De mi bello hermano muerto a los 27 años
puedo decir que era largo y silencioso como un camino paralelo
y que selectos animales salvajes escucharon su alegría
disolviéndose alrededor de esa motocicleta destrozada.
Quien nos inicia en la mordedura sabe perfectamente
que usted ya no puede devolver más el fruto a la rama.
El verano como un murciélago había anunciado su final.
Quise entonces establecer los términos de mi disolución
antes de renunciar a ser hombre entre los hombres
antes de elevarme hasta el mismo gesto intraducible
después de que me echen mano los esbirros de la Ley.

Marthijn Uittenbogaard en el remolino

El caos eligió un seudónimo y así perdió la identidad
con que podíamos señalarlo y precavernos. El caos
hizo lo mismo que los niños autistas: empezar contra todo
una canción nerviosa y concluirla como un gran enigma.
Zonas de tolerancia en la amoblada jerga de los terapeutas
donde mi corazón finalmente descansará sin aprensiones.
Pero antes izaré junto a Daniel una bandera pirata en casa,
jugaremos a la guerra, nadaremos, escalaremos montañas;
la niebla nos responderá con los abyectos íbices que hospeda.
Solo después de cumplir todo eso podremos iniciar
el dulce acoplamiento con que comenzarás a recordarme.

Muerte, resurrección y muerte de Tony Duvert

[1]

La mirada que se desordena, que no puede ser lineal
ni aristótelica como una hilera de casetas de playa,
nos restringe a esta estructura primitiva, comparable
                        al vuelo del *turdus merula*
que escapa del bosque quemado, un asunto personal.
Mi trance nocturno a lo largo de esta vivienda medio iluminada
-el teléfono inhabilitado por falta de pago, la alacena casi vacía
a no ser por algunos pasteles marroquíes al filo del vencimiento,
las pirámides de botellas transparentes en cada estancia,
la máquina de escribir, suspendida entre la medicación y el deterioro-
no puede detenerse; sería como deponer un arma; aceptamos
que todo hijo es una víctima posible, que la madre,
silbante a la manera de una enfermedad venérea, lo atraiga,
devaste su libertad, su autonomía y, aun así, nos acostamos
con la conciencia sumergida en una calma estival
                        y decidimos no hacer nada.
Prohibido el bello muchacho por quien habría dado el cielo
y que cada invierno se me presentaba tras los pinos de Vendôme
transformado en ciervo, el animal más vulnerable
de cualquier mitología.

[2]

No he aprendido a nombrar. El suicidio, por ejemplo,
es apenas un barbarismo para el asesinato indirecto.
Los términos que otros acordaron no encajan para mí.
Si el niño de diez años, enamorado del pintor de veintiocho,
contempla un firmamento de autos atravesando la noche,
antes de arrojarse contra el más veloz, cuidadosamente elegido,
todo apunta a la madre, germen de inmundicia, que los separó.
En cambio, sí puedo delimitar el amor que mira al niño como a
                                          [un igual:
el adulto que guarda todas sus confidencias a buen recaudo,
la atracción que ya no puede detenerse, ni siquiera lisiándose,
las siestas juntos donde no hay tocamientos, sino labranza.
Crea este ambiente propicio en el que gustamos perdernos
-una intensa madrugada de postes seccionando el cielo lila.
La palabra de la madre estanca todo. Es una fractura en la espalda,
desalentadora igual al viento que pasta sobre las viejas mesas
de un viejo restaurante en la playa, incitando a las moscas,
revolviendo las sobras, extendiendo la catástrofe. Por eso
salgo a la calle y arriba de mi cabeza escribo lo siguiente:
"Por cada hijo que se masturba y decide odiar a sus padres
suprimiremos de una vez por todas la familia invalidante
revelando nuestra verdad con la tipografía del estrago".

[3]

Digo que nuestros niños son prisioneros obligados a cantar.
Digo también: el castigo que nos impusieron fue ser culpables.
Con esos materiales viajé hasta la casona familiar en el campo,
hay un lazo que me ata a esa provincia y no puedo explicarme,
procedí a encerrarme en mi estudio, ignorando los truenos de enero
-madres que postran a sus hijos en el lecho de una sola bofetada-
y me confronté con mi literatura anterior, mis certificados
de reincidencia, los extraños paisajes de un otoño curvo,
y puse mis ideas en orden, tomé el control, me induje
a la terapéutica recomendable para el asaltado a mano armada
y continué con la autobiografía en verso que dejé a mitad
de una frase, muchos años atrás, perdido el entusiasmo.
Las jornadas se suceden veloces, trabajo hasta muy tarde,
mis argumentos mutan en imágenes con las que ardo y discuto.
Las cosas adquieren vida, me desafían con su presencia.
El manuscrito crece como la colección de estampillas
de mis bantustanes preferidos: Transkei, Ciskei y Venda.
Esta sonrisa quieta es una rama que se dobla, una diatriba
que sabe dónde duele: ante nuestra incapacidad de imitar
la violencia, la replicamos. Me parece que eso es todo.
Puedes tomar la palabra. Retiro tu garganta de mis manos.

[4]

En mi banquete de celebración arrojé las viandas contra la pared
y al anciano presidente del jurado lo agredí de obra y de palabra,
antes de ser encerrado en el cuarto de los abrigos, sedado por un
[especialista.
Luego me atacaron los idiotas literarios y los novelistas afeminados
a quienes la fortuna terminará catalogando como una ilusión óptica.
Compartiremos ese destino. Pues cuando salgo por la puerta trasera
hacia el patio donde puedo ver la puntiaguda iglesia de Thoré-La-
[Rochette
ya no temo que la luz celeste infunda a los árboles forma de bestia,
sino que ese tenue fulgor me vuelva alegoría nunca pronunciada,
que jamás me compense con el no ser y sus bien estipulados límites.
Soy un desperdicio de tiempo. Confieso que cada amanecer me
[sobresalta
como una llamada anónima. Sobre la cama me consuelo pensando
en la temporada de juegos que pasé con Serge, según las crónicas
muerto por una sobredosis a los 20 años. La Brigada de Menores
no me encontrará aquí. Quizá solo un crítico regional en la plaza
me reconozca y diga: allá va Tony Duvert, ese escritor infumable.

[5]

Satura esa libre oscuridad que el niño otorga al darte la espalda.
Es una penumbra angosta y elástica donde con algo de trabajo
cualquiera puede holgarse. Nada mejor que poseer un vocabulario
espléndido para ocultar las cosas, nuestras reiteradas pulsiones
siniestras como todo monotema. Como todo monotrema más atento
a sus espolones que a la vida. Satura la cocina, la definición
de parteaguas y el versátil dibujo que la ilustra, cada muerte
que estimemos definitiva y no una batalla de resultado reversible.
Que nada quede fuera de esa hegemonía. Ni siquiera el desamor
que hizo de tu memoria voivodato, ramas de espino cercando
un territorio que los ganaderos del norte han juzgado despreciable.
Satura como un personaje afincado en el sueño de muchas personas
distintas. Como estos astilleros y los sindicatos que los toman.
Procura estar integrado a todo: al boicot de los exámenes finales,
a la denominación colonial de los despoblados balnearios de la costa,
a los jueces divulgadores, a los altos comisionados del Rey.
Que nada quede fuera. Que la nación sea digna de tu nombre.

[6]

(Queridas madres) (No podrán decir que prefieren
a su hijo muerto a que esté a solas conmigo.) Sonido de gong.
Dentro de la perspectiva planteada soy la resurrección,
el suelo frío donde dormir en verano, los recuerdos familiares
que desaparecieron entre la basura, libros para pintar
que pueden ser utilizados en más de una oportunidad,
una pesada carpa militar que no figura en los inventarios,
un montón de células que crecen y crecen en la frente de mi amiga,
absortas en su propia gramática, en su arquitectura ponzoñosa,
una moto que se le echa encima a una manifestación
encabezada por ustedes, que embiste, que muerde y desangra,
nuestra deuda con los gusanos, con el monopolio de la muerte,
la mano que aparta un mechón del rostro de Jan Esch, 11,
estrangulado por su propia madre en Buren, agosto de 1973
y un gran número de canciones que a continuación
pondrán a estos pequeños niños fuera de su maldito alcance.

Cierre de campaña a cargo de Marthijn Uittenbogaard

Emanaba un gas tóxico el proyectil que aterrizó ayer en mi vivienda: alguno de los detractores a esta candidatura lo arrojó desde ese mediodía hiperbólico en que es posible talar una flor, llegar a Berlín en quince minutos o que un chico de pelo lacio de ojos verdes y ropa deportiva confunda tu miembro con un contundente cazabombardero que refulge en el armario donde ambos están escondidos, como la luna y las estrellas a las cuatro de la tarde. Un par de días atrás echaron amoniaco en el buzón del correo y estuve a punto de sumergir la mano -llegó abrupta una intuición de las que nunca me habían salvado de nada– y la retiré con la velocidad que un gato tiene para trepar a una mesa de dibujo. A pesar de todo ello, las verdades concretas que escribimos en los muros no se han podido refutar. Usted puede trozar una vaca, pero no fornicarla y eso es un sinsentido. Puede incinerar a un muerto mas está prohibido de aliviarlo sexualmente, de extraer con habilidad el último resto de su esperma funerario. Nadie se escandaliza si usted pierde la calma y agrede verbalmente a su hijo en plena calle; sin embargo, si yo le bajo los pantalones y acomodo, placentero, sus nalgas contra mi punta, si hago así de la casualidad conocimiento, merezco la muerte de quien asiste al trabajo como todos los días y le cierran sin explicaciones la puerta en la cara. Las arcas del Partido responden a la circunstancia de sus miembros desempleados. Van den Berg vive apenas de su jubilación, casi sin salir de su casa rodante. De Jonge fue expulsado de la universidad donde estudiaba para asistir a los niños especiales. En cuanto a mí, soy el solitario que espera entre las máquinas registradoras.

43

Memoria de Ad van den Berg, 1998

Solía ir a verte los sábados. Las regiones asociadas
a tu rostro de catorce años, sin duda provenientes y consumadas
en la clase trabajadora siciliana, alertada por altavoces,
sus voluntarios caídos sobre las acacias con el corazón no preparado
para el sacrificio. Hay una correspondencia entre lo que está por
                                                              [suceder
y el acero de los edificios modernos como aquel donde te visitaba.
Todo escenario dentro de ellos anticipa, mas no seduce.
Debimos entonces salir y perdernos entre festividades y marchas
porque el vigor de nuestra nación no declinaba todavía.
Prolongamos ese paseo hasta que adopté mi papel prometeico;
"Me gustaría que esto sucediera, pero no ahora", respondiste.
Yo había aprendido que no hay manera justa de restablecer el pasado
sino a través del acto de la confesión. Servil y desafiante a la vez
porque a mis catorce años todo error resultó ser una profecía.
Me hicieron tocar los falos de unos muchachos mayores en el bosque.
Fantaseaba con ser desnudado por mis compañeros de vestuario.
Y levantaba las manos hacia Dios. Y no ha llegado una respuesta.

La defensa de Michael Manfredonia

Si la virtud triunfa es por falta de imaginación:
el deleznable coeficiente intelectual que nos condena a servir
en una gasolinera -a permanecer sentados en el negro bloque,
mudos como un rayo de luna-, el estrabismo que en la juventud
nos priva del amor, que impone su medieval iconografía,
se hermanaron en mí, hipersensible a los agravios,
y me sometieron a sus inapelables condiciones estilísticas-
variar la ordinaria muerte a mano propia por la respuesta homicida
que hizo emerger helicópteros encima de los árboles,
hasta la misma altura donde los hombres y los dioses se intercambian.
Me extravié durante varios días en la aurora rural de mi delito-
afiliado a la tierra, bajo piedras y palos, el irritante espectáculo
de una chica ejemplar le ha sido arrebatado a la comunidad de
[Long Valley.
La brutalidad de quien no duerme, de quien sueña despierto
con un inacabable interludio de letrinas no ha sido nunca mi caso:
todos los sonidos reparadores del mundo residen en mi vértigo,
como en un lugar de tránsito. Los muertos pasan por aquí,
pero puede que este no sea su destino final.

Noche electoral

[1] CONFERENCIA DE PRENSA

La poesía es más verdadera que la historia;
solamente por eso hemos logrado llegar a este punto
donde no ronda el cansancio del fuego, símbolo
de cada disidencia que sucumbe. Durante meses evitamos
a hermosos chiquillos diestros con la lanza, complemento
de los brezos que rodean el amanecer, de la noche
que nos es propicia como el cuero de los guantes,
temiendo que todo aquel encanto se redujera a un cruel
señuelo policial. Eliminamos los archivos y videos
que pudieran ofender a quienes no entienden la lógica
de una sintaxis deliberadamente rota, a quienes no escaparon
nunca de los monótonos distritos suburbanos del alma;
nos presentamos limpios y castos ante la voluntad popular,
tan confundible con una oca consagrada o un arco cretense.
Los locales de campaña, los denostados cuadros técnicos,
la incestuosa tesorería, las aleccionadas juventudes:
todas las expresiones que el Partido de la Caridad congrega
están listas para el combate. Iniciamos hoy nuestro hundimiento.

[2] CONTEO OFICIAL

El teléfono no ha dejado de sonar desde las cinco.
Los primeros resultados arriban veloces como el sol
cuando brilla antes de tiempo, cuando sacude a los ciudadanos
en sus camas y separa violentamente a las parejas
porque tiene algo nuevo y maravilloso que decir.
Pero hay malas noticias en el norte. Nuestra esperanza
no ha sido desminada. Menos de mil votos en Groninga,
ninguna posibilidad de representación en Heerenveen.
En Ámsterdam nadie ha querido escuchar la doctrina
de los perseguidos. Rotterdam y Limburgo censuran sonreírle
a un niño en la calle. Resultado final: cero bancas
sobre ciento cincuenta. Es definitivo, ya no hay nada que hacer.
La dictadura de los adultos seguirá rigiendo en Holanda.
Se anexionará este libro apenas descuidemos sus fronteras.
El canceroso laberinto de la democracia arruinado por completo.
Cada voto nuestro la negativa a tomar la sierra por el lado seguro.
Cada voto nuestro la sabiduría del río resolviendo un crucigrama.
Cada voto nuestro un carterista confundido con un astro.
Cada voto nuestro una ofensa entrando en colisión.

Disolución del Partido de la Caridad

No sé qué diablos salió mal.
No conseguimos despertar los sentimientos populares.
Seríamos sangre circulando por los intervalos y plazas del cuerpo
[de la patria.
Desnudaríamos a cada niño como se desenvuelve un regalo el día
[de fiesta.
Decidimos que toda traición es un juego para que no pesara tanto.
Invitamos al silencio cómplice que reside en las playas de
[estacionamiento.
Denunciamos que las incautaciones aduaneras perjudican a los
[amantes de los niños.
Hicimos oídos sordos a los gritos y al llanto que provienen del
[interior de la casa.
Pero ahora solo hay cifras amargas. Y ningún sol nos orienta.
Desalojamos los escritorios, descolgamos la propaganda y las insignias.
Mas no todo está perdido. Todavía hay conocimiento que guardar
[y transmitir.
Entre los dientes dañados de nuestro tesorero fluye un viejo
[recordatorio.
La clave es muy sencilla: el niño debe creerte cuando le dices que
[es hermoso.
Hermoso hasta la enumeración. Solo teniendo eso muy en claro
podemos cerrar este libro negro como una ametralladora.

[NOTA]

Mientras escribía este libro consulté la bibliografía de Tony Duvert, Gabriel Matzneff, Alberto Cardín y especialmente Edward Brongersma. También el ideario del Partido de la Caridad, la Libertad y la Fraternidad (PNVD). La influencia de dichos textos fue determinante para trabajar estos poemas. *Primicias del mundo* es un homenaje a *World-Telegram* de John Berryman. Quiero agradecer la cálida colaboración de Greta Dienstmaier, Jerónimo Pimentel y Alessandra Pinasco. *Ciclo del Partido de la Caridad* está dedicado a Renzo Porcile. Sin su apoyo y amistad quizá nunca me habría animado a escribirlo.

rhodesia

para Roger Santiváñez

Today, this hour, our river's widening;
I am with you, and I fear... let us both sing
-Francis Webb

La primera versión de *Rhodesia*, elaborada entre marzo y julio de 2022, se publicó dentro de la revista Hueso Húmero en enero de 2023. La presente es la versión definitiva del poema.

El canto de Alice Howard Barry

Cada verso mío es una novela enorme: aquí la Historia
se restringe a anécdota sagrada, permanente, no mortal,
y por tanto despreciable para nuestros sentidos temporales,
tendientes a la putrefacción. Eso tuvo un alto precio.
El mundo perdido de la infancia aquí fue catorce veces perdido.
Todo comenzó cuando la minoría blanca decidió ignorar
los fenómenos celestes que anuncian el odio y el desastre,
el temblor impulsado por el alba que remeció las efigies
de nuestros padres tutelares en el monte:
los adultos se retiraban a la sala de estar y yo podía oír
la voz de mi padre combatiendo la somnolencia

                                una granada de mano en Tobruk
le arrancó una pierna y congeló la mitad de su rostro por siempre
en un gesto de horror

y eso fue no mucho antes del luto comunal por él
y de que mi madre contrajera matrimonio con el primer
arquitecto sordo de Sudáfrica -mi hermana Ann lo detestaba-,
de nuestra inesperada katabasis cuando él nos advirtió
que los países pueden desaparecer como los rododendros,
en singular una nación pequeña rodeada de enemigos
poderosos y colaboradores vacilantes; que un país comienza
a desmoronarse cuando es incapaz de renovar sus máquinas
y a sus jóvenes, me dijo el hibisco que vigilaba la cocina,
el doble garaje habitado por las ratas, los cactus parásitos
-caucus del partido gobernante, reaccionario como una reunión
de ferreteros- los peces rectangulares de mis brutales pesadillas,
las grandes hormigas de la armada negra que recubren

a los animales atados a una estaca, hasta dejarlos
en limpios huesos blancos dispersos sobre el polvo
ni siquiera el chacal abatido bajo la acusación de tener rabia
fue más pavoroso que ese calor macizo aplastándonos en June Hill.
Es aquí donde mi pastoral suburbana se ilumina de pura verdad:
Douglas Chingoka con su sueldo de subinspector en la policía
podía ofrendarles a sus tres hijos la mejor educación posible
y asimismo podía comprarles verdes escorpiones de caramelo
en las surtidas tiendas de King George Road

La minoría blanca tampoco quiso hacer caso a la funesta aparición
de aquella criatura con tentáculos de dos metros en la playa de Beira:
los hoteles cerraron por falta de clientes y sus instalaciones
se volvieron madrigueras ocupadas por tres mil vagabundos.
Entonces solo nos quedó soñar con sucumbir al violento océano
de nuestro cielo en Salisbury, infestado de aeroplanos febles,
y así mi padre, limpio de culpa, indultado por la muerte,
asiste, engalanado de sus heridas, a esta conclusión inenarrable.

RHODESIA

Mi canto de sinagoga aparece gradual,
semejante a una serie de discusiones terminales;
mi canto de sinagoga se muestra firme
como los arcos sucesivos del costillar de un edificio.
Finaliza contundente igual a un epigrama.
Lo que estoy escribiendo ya lo escribió alguien
hace mucho tiempo, y aunque no consigo llegar
al fondo de las cosas, ninguna de las otras formas vivas
ha merecido mi fe. Como provengo de un país
donde estas palabras valieron algo, defiendo
la cetrería con aves basureras, rodeo toda iniciativa
de cambio con las estacas del momento previo.
Cuando estaba por amontonar esto en versos,
cual cuerpos cayendo unos sobre otros
entre las sombras de un depósito, pude conocer
tu atormentada inocencia mientras deambulabas
por los sectores periféricos, buscando completar
tu juventud contando sus hazañas: el temblor
que detuvo la lucha callejera donde tuviste todo
que perder, las provincias de la memoria
seccionadas por el efecto del psilocybe cubensis,
un negro casco de motociclista montado
en el poste a la entrada de la comuna, los murciélagos
que vimos anidar en el techo de la mayor sala
de bolos de Bulawayo, revistas que promueven
la cultura física, bellos jóvenes sin camiseta
haciendo autostop a los grandes parques nacionales,
los parabrisas donde yacen los cuerpos maltrechos
de tábanos y zancudos. No conozco otra manera

de nombrar todas esas visiones. Ven, seremos bengalas
iluminando las carreras nocturnas de motocross,
te mantendré lejos del campo de movimiento
del predador caucásico. Regresaremos juntos
antes de que anochezca, conmovidos por la crucifixión
que perfilan las torres de electricidad, por el fuego
que baila para atraer a sus víctimas, por el oleaje
de la anunciación, por las placenteras violaciones.
Cuántas imágenes terribles recorren mi cabeza
asustada y devota. Hemos despertado siendo niños,
dejamos atrás la noche pendiente como un auto
en venta: cada mañana la total ausencia de aves
entre los bloques de viviendas, la luz abriéndose
el estómago con unas tijeras, la certeza
de que la providencia ya no camina a nuestro lado.
La copiosa actividad fantasmal de los griegos
produjo el mismo efecto que el embargo internacional
contra el pueblo rhodesiano: convencidos partidarios
de nuevos e irreales conceptos sobre el mundo.
Si hay una sacralidad esta debe ser por fuerza instintiva,
si hay un respeto a los muertos este debe ser
por definición autoritario. Marcharse hacia los bosques
no servirá para evadirnos del problema.
La comunidad blanca hace esfuerzos ante el racionamiento:
de la ternera ahora se aprovechan hasta sus turbios ojos,
de la obscena mamba se hurtan los huevos
en el mismo nido, los mercados están vacíos
como el cielo a las tres de la mañana.
La comunidad blanca acopia y destruye los espejos
porque todo reflejo tiene naturaleza acumulativa.
Pero nada de esto detendrá el comercio de los pájaros
ni el rumbo del tiempo que avanza en búsqueda

de un significado. Y necesitaremos de un slang propio
para nombrar procazmente a los rotos maderos
de la constancia, un slang propio que precise
el alcance del tentáculo de una canción subliminal,
un slang propio para preguntarnos quién pulsa
el pentagrama de la conmoción cuando por la radio
certificaron la caída de nuestro hermano
más joven, y la situación fue densa como los cantos
de una biblia calvinista, y eso sucedió en agosto,
y luego setiembre pasó igual a una diapositiva.
Mi imaginación no ha logrado apoderarse de ti,
pero hay otras pretensiones a las que no renunciaré nunca:
que el color de lo perdido sea el mismo del mal
deliberado, que nuestro amor resida en las lámparas
que decidimos no apagar, encontrarnos bajo los toldos
consagrados de la réplica, no sucumbir más
a la batalla naval del insomnio. Oigo esta noche
el murmullo de muchas lenguas pronunciando
el idioma de los mercenarios y de las amas de casa,
adhiriéndose al sadismo de los santos,
convirtiendo el sonido de lo que ya no sucederá
en himno nacional, en tormentas eléctricas alumbrando
las habitaciones de nuestros hijos, en este país,
un regalo que involuciona hasta dejar de pertenecernos,
en este país, la última habitación disponible a medianoche.

Epístola a Malvolio

Ungido por el dislocamiento, defenestrado por la ambigüedad,
he regresado al lugar donde sucedió mi adolescencia, detrás de muros
de ladrillo que resguardan, como ganado invisible, terrenos baldíos,
el mundo donde aprendí a maniobrar mi tensa ballesta, donde besé
tantas cabezas extrañas, y siento la gracia de una música sonora
que me reintegra a mi todo original: el cobalto cuenta con un número
en el prisma del plenario paisaje que tengo frente a la ventana.
Y ya no importa lo que digas o escribas, Malvolio, no podrás
con esta alegría, la del carpintero que a veces puede hacer algo bello
de un mueble barato y funcional: ya aprendiste que el dominio
de la técnica nunca es suficiente, que la espesura del aprendizaje
privado jamás pudo enraizarse donde se instaló tu furia maniquea.
Te aseguro que no conseguirás remontar con ese hablar a medias
estos problemas que después de los cuarenta no tienen solución.
Voy comprendiendo tu miedo: desde el amanecer
hasta que te acuestas la sensación de estar solo por un campo
en que cae rápida la noche, el terror invade tus aletas dorsales
ante el inminente ataque de hambrientos roedores, de perros
salvajes, y gritas y corres y nunca puedes despertar. Esa histeria
de mujer repudiada delata que no hay armonía en ti, que no sabes
cómo renovar el pacto de tu falsa corpulencia con tus pulsiones
y no te enseñaron a sacar rédito literario de eso,
y también es tarde para revertir esa incapacidad.

Mi vida en Borrowdale

Mientras escribo este libro [perdido entre los bosques extramurales
de la imaginación] y el día afuera zumba como la sodomía, sin permitir
una sola idea original que rompa su cuidada unidad, me pongo
[a pensar
qué hubiera sido de mí a principios de los años setenta, en Rhodesia,
si decidía buscar un puesto como profesor de literatura de la escuela
[principal
del distrito de Borrowdale, Salisbury, el más pacífico y próspero
[del país
[un país donde puedes dormir desnudo y sin miedo a los temblores]
y me veo caminando por una calle accesoria al sol, recordando bien
que en alguna ocasión alguien aseguró que existían recompensas
[ocultas
en el lenguaje, y que en vez de buscarlas en los libros que no he leído
y en las palabras que no entiendo, había preferido seguir en silencio
a un par de adolescentes por la calle y contemplar cómo esta magia
degrada a mi paso cada una de las leyes naturales [pero el tema aquí
no es ese, sino la contratación a la que aspiraba] mi piel puede pasar
perfectamente desapercibida entre la de los colonos ingleses y
[holandeses,
mi inglés, con su fuerte acento y sus idiosincrásicos giros resultaría
una simpática curiosidad dentro de la dicción colonial, mis
[conocimientos
de Marlowe y Wordsworth y Dylan Thomas habría servido para
[ganarme
el favor del viejo Johnson, quien escuchaba al poeta de Fern Hill
con el oído pegado a la radio, disfrutando su voz impresionante
en la BBC durante el peor de los periodos de la guerra, y entonces
me incorpora con un solo gesto a la plantilla de maestros [¡Me imagino

mi alegría entre los soportales de la institución!] y decido cumplir
el milagro de llegar a trabajar temprano todos los días, todos los días
mirando al amanecer desde mi escritorio la gran piscina que no
[se mide
por brazadas sino por los niños que murieron ahogados en ella,
y ponen a mi cargo un contingente de lobeznos rubios, de largas
[piernas,
sonrisas y lágrimas que en ellos no son solo de sensibilidad, sino
también de personalidad; algunos [pocos] alumnos indostanos,
[destacando
entre la marea europea, completamente integrados a ella mediante
el despliegue de mi voz [en mi clase cada palabra sería ardua como
una montaña] recitando las *Baladas líricas* o *Bajo el bosque lácteo*,
interpretando a Callapine en el momento climático de *Tamerlán*
[compartiendo un silencio cargado de argumentos en el club de debate
los viernes por la tarde] y supongamos que cierto día una de las
[profesoras
y yo comenzamos a salir, y aprovechamos las vacaciones de medio año
para hacer un viaje por el interior de la nación [surcamos en tren
los sembríos ordenados y silenciosos: un larguísimo cementerio
[de guerra;
mientras tanto, los bajorrelieves del río se deslizan lentamente y
[el sol
asoma como un hermano bueno que regresa de nadar] y supongamos
que de pronto los blancos y los negros se enzarzan en un conflicto
que ninguno puede perder pero tampoco ganar [y así pasan diez años
hasta que se hace imperativo dejar granjas y hogares, renunciar
a los trabajos que creíamos asegurados, mudarnos a Canadá, a Australia
o a Sudáfrica] y supongamos que no elijo ninguno de esos destinos,
que escojo permanecer en mi pequeña casa de pensionista en
[Borrowdale,

que este poema no es un poema sino el último testimonio que
[me permito
sobre el fracaso que confirmó nuestra superioridad y nuestra grandeza.

El incidente de Malari

15-16 enero 1974

Los costos de la reconversión han sido demasiado altos:
la prensa libre reporta prolongadas columnas de humo sobre la ciudad
                     que pueden ser vistas desde el mar,
ritos fúnebres han tomado la calle, han volcado autos de reciente
                                      [fabricación
como quien laza un caballo joven y lo derriba de bruces a tierra,
la multitud de estudiantes luce realmente hostil a través del ventanal
de los edificios públicos, de las gendarmerías, en las redacciones
                                [del periodismo
que cumple las órdenes del ministerio como quien levanta cualquier
                                    [arquitectura,
y la situación es peor en el centro de la capital, sitiado por el fondo
                                      [violeta
                de los incendios,
donde todas las instituciones que componen la rueda del Gobierno
están desvestidas, rapadas e indefensas a merced de los manifestantes;
de los sucesos en el aeropuerto que comprometen la visita del
                                [primer ministro japonés,
insultado por miles de muchachos y muchachas, de obreros y
                                [desempleados,
en pie de guerra por las excesivas concesiones otorgadas al capital
                                [extranjero,
he sido testigo y me confundí con ellos luego en su larga marcha
cuando entre la gente apareciste, con la mirada devoradora de
                                [imágenes,
aún más poderosa que la cámara fotográfica que te fue arrebatada
                                [en la oscilante
                hora de los saqueos,

y a tu lado me dispuse y te dije: "Herna, deberíamos restringir la
[caza de tigres
a los que merodean dentro de nosotros", lo que te bastó para entender
que el lustroso secreto de mi departamento lejos de la zona comercial
tiene tanta validez como el calor de la revuelta: "la reconversión
[de los hombres
es cuantiosa, pero más la de los países nuevos", dijo el tigre dentro
[de mí.

Las torres de departamentos y las elevadas cisternas se convirtieron así
en los mástiles de la tragedia; nos enteramos de los incidentes
[gracias a las noticias.
Samantha, nuestra única hija, quien había regresado de la universidad
después de un difícil primer semestre, cansada, arrastrando todavía
[en la cabeza
lecturas de Simmel y de Frazer, hasta ese momento sometida por
[el invierno
que había convertido las amables colinas del este
en un sagrado laberinto de lodo litúrgico y sucios eucaliptos congelados,
se acomodó entre su madre y yo,
frente al televisor, como quien se atreve por fin a intervenir en el
[flujo de la vida.
Nos servimos un vino fuerte y oscuro,
semejante al descenso por una montaña a las seis de la tarde.
Un par de días después su primo mayor la llevó a un centro de
[recreación
a practicar los deportes de la temporada sobre nieve, piel muerta
[de la luz.
Sentado en la mesa de la cocina, mirando la escalera inconclusa
[del firmamento boreal,
recordando que a veces vivimos pero siempre equivalemos,

pensé en la larga conversación que ambos sostuvieron hasta llegar
[a su destino:
la ciudad moderna, expresaría su blanco cuerpo de antílope,
presenta condiciones peculiares para asignar sus destinos a los
[hombres;
él estaría de acuerdo y ella estaría de acuerdo en ingresar a su
[cuarto de hotel,
la electricidad de los pasillos se ha estropeado del mismo modo
[en que se pudre
una fruta dulce
y deben avanzar de la mano, a tientas, lo que seguramente hace
[más natural
el momento cuando se desnudan en lo invisible y se acuestan en
[lo pardo.
Regresará a la casa mañana temprano y será recibida con un
[abundante desayuno:
refrescos naturales, bayas rojas y azules, los restos del ternero que
[sacrificamos
en el traspatio como agradecimiento por su llegada.
Pero nada podrá borrar de aquel rostro el desvalimiento y la
[contrariedad
de quien ha perdido una costosa chaqueta en algún estanco de la
[noche.

El general Sumitro departe amistosamente con los líderes de la
[protesta.
Sentados en el suelo, los jóvenes saludan a los pájaros de la reforma:
lo que esas pancartas gesticulaban se hizo más sólido en nuestra
[memoria
que cualquier maderamen.

Pero en este país cada máquina de escribir es la llave de una prisión.
El valiente Pramoedya fue detenido en su casa y ahora redacta
[con la sangre
que puede robarle en un descuido a los mosquitos caníbales de Buru.
Su error fue intentar convertirse en conciencia moral de una sociedad
que solo admite mediadores entre las bacterias y los intelectuales.
Tres manifestantes son ajusticiados sumariamente por la policía
[en el baño
de un concesionario automovilístico vandalizado en Glodok.
160 kilos de oro fueron arrebatados a diversas joyerías.
Sumitro se echa a llorar en la sala donde sesionan los altos mandos.
La rebelión ha sido estrangulada y su cabeza puesta en una pica
para ser exhibida como señal de advertencia por los arrabales de
[Yakarta.
Pienso en Herna, cuyo blanco cuerpo de antílope se me ha negado
como la paz a estas incontables baldosas rotas. La paz no ha sido
[conmigo.

[Nota final]

El canto de Alice Howard Barry está basado en la lectura de *Growing Up Rhodesian*, libro de memorias de la mencionada autora, quizá el testimonio más entretenido e inteligente entre los que han publicado los integrantes de la diáspora rhodesiana. El poema *Rhodesia* contiene una imagen prestada, "las placenteras violaciones", verso del manuscrito inicial de *La tierra baldía* que Ezra Pound suprimió en su célebre corrección del poema, como consta en *The Waste Land: A Facsimile and Transcript of the Original Drafts Including the Annotations of Ezra Pound* (1974). En cuanto a *Epístola a Malvolio*, este poema alude a un personaje de *Noche de reyes* de Shakespeare, caracterizado por su amargura, su odio a la felicidad de los demás y su nulo sentido del humor. Eugenio Montale respondió a una reseña de su libro *Satura* (1971) firmada por Pier Paolo Pasolini colgándole al cineasta y escritor boloñés ese sobrenombre en un poema cuyo título me he permitido apropiarme.

Índice

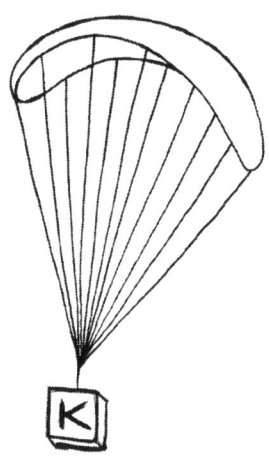

Ciclo del Partido de la Caridad
seguido de
Rhodesia
de José Carlos Yrigoyen
–septuagésimo volumen
publicado en la colección poesía
de Kriller71 ediciones–
se terminó de imprimir el 16 de abril de 2024,
Día Internacional contra la Esclavitud Infantil.